L'ÉDUCACION

PACIFIQUE

CONFÉRENCE

FAITE

A L'U. P. DE TARBES

PAR

PAUL MIEILLE

Professeur au Lycée

Vice-Président

de la Section de la Ligue des Droits de l'Homme et du Citoyen.

TARBES

IMPRIMERIE DE J.-A. LESGAMELA, RUE DE GONNÈS, 10

1906

L'ÉDUCACION

PACIFIQUE

CONFÉRENCE

FAITE

A L'U. P. DE TARBES

PAR

Paul MIEILLE

Professeur au Lycée

Vice-Président

de la Section de la Ligue des Droits de l'Homme et du Citoyen.

TARBES

IMPRIMERIE DE J.-A. LESCAMELA, RUE DE GONNÈS, 10

1906

Au noble et vaillant vétéran du Pacifisme français

à Monsieur Frédéric Passy

et à l'infatigable et dévoué champion

de l'ortografe racionèle

à Monsieur Jean Barèc

Directeur du *Réformiste*

Homage très respectueus.

Tarbes, le 1ᵉʳ juin 1906.

M:
Ch

L'ÉDUCACION PACIFIQUE

Mesdames,
Chers Camarades,

Nous somes ici entre nous.

En venant dans ce Foyer de notre chère Université Populaire, il me semble franchir le seuil familial et laisser derrière moi toute timidité. Cète atmosfère de fraternèle simpatie, qui est le rayonement de notre œuvre, sufirait à dissiper mes craintes, si j'en avais, sur l'accueil qui m'est rézervé, et je suis sûr d'avance que vous acsepterez, à défaut du talent que je n'ai pas, la bone volonté d'un ami dévoué et d'un sincère camarade.

Aussi, je ne pense même pas à prendre avec vous les précaucions d'uzaje chez les conférenciers novices, comme je le suis, quand ils abordent, en tremblant, un auditoire dont ils peuvent redouter les critiques ou craindre la sévérité.

Nous somes ici en famille. Et nous pouvons mètre de côté toute cérémonie.

D'ailleurs, je me hâte de vous le dire, autant pour vous rassurer que pour me mètre plus à l'aize avec vous, je ne viens pas vous faire une conférence, mais simplement une cauzerie. Mes savants colègues et camarades vous ont habitués, je le sais, à des festins intèlectuels de tout premier ordre, et vous ont, sans le vouloir, peut-être, doné le droit de vous montrer plus exijeants. Mais ce soir la chère sera maigre et vous serez mis au vert.

Cela a du bon quelquefois.

1

Ne vous étonez pas, Mesdames et chers Camarades, que je viène encore vous parler d'éducacion après les éloquentes leçons, les leçons autorizées, dirai-je, que vous avez déjà entendues à ce sujet. Nous somes ici, come on vous l'a si bien dit, une véritable société d'enseignement mutuel. A l'Université populaire, il n'y a, pour ainsi dire, ni maîtres, ni élèves, mais des moniteurs et.. des camarades plus jeunes ou moins avancés. Nous avons beaucoup à apprendre les uns des autres, et le mot « Educacion », déjà si vaste par lui-même qu'on peut en dire qu'il est tout l'Home et contient toute l'Humanité, revèt par raport à nous, membres de l'Université populaire, une significacion à la fois plus précize et plus larje que cèle qui lui est atribuée dans l'uzaje courant au regard de l'enfant et de l'école.

A l'Université populaire nous nous éduquons au vrai sens du mot, puisque renonçant aus vieilles métodes autoritaires et au dogmatisme, nous nous élevons à la seule lumière de la raizon et de la science vers cète humanité idéale dont la réalizacion est, je crois, notre seule raizon d'être.

L'éducacion, c'est l'humanité en marche. Nous pouvons donc en parler sans craindre jamais d'épuizer la matière.

Je vous entretiendrai donc d'éducacion. Mais dans ce domaine, si vaste que toutes les bones volontés y trouveront longtemps encore l'exercice de leurs plus fécondes énerjies, il se trouve encore, au milieu de champs déjà recouverts de riches moissons, des espaces incultes dont l'aride solitude forme un contraste pénible avec la luxuriante fertilité des cultures voisines.

L'home qui est remonté et non pas descendu, come on le dit quelquefois, de la brute ancestrale, s'est en certains points dégajé de l'animalité jusqu'à des hauteurs merveilleuses dans son ascension vers cette humanité idéale dont nous parlions tout à l'heure. Filozofes et savants, poètes et léjislateurs, tous les ouvriers de la pensée libre, ont cultivé à l'envi ce beau domaine et préparé à l'Humanité de demain d'abondantes moissons dont nous savourons déjà les premiers fruits.

Mais par certains côtés, l'home rappèle trop les mizères de ses orijines, et selon le mot fameus, il n'est bezoin de grater longtemps le civilizé pour retrouver le sauvage. La brutalité, qui est la plus sûre des marques de fabrique, est la tare orijinèle dont l'home a le plus de peine à se débarrasser. Il semble qu'il y ait là un arrêt dans notre évolucion, une sorte de nœud de croissance qui arrête la sève de la civilization, et dont les excroissances parazites absorbent en véjétacions monstrueuzes tous les sucs de l'arbre, de la bèle « plante humaine », comme dizait Léonard de Vinci.

Cète brutalité se manifeste surtout par la guerre, et vous avez déjà compris que les espaces incultes dont je parlais tout à l'heure apartiènent à l'Educacion pacifique.

*
* *

Mesdames, mes chers Camarades, je suis venu ici avec l'intencion de vous dire, ou plutôt de nous dire nos quatre vérités, car j'en prendrai ma part.

Eh bien ! vous êtes... nous somes tous, très mal élevés... au point de vue pacifique. Liès mal élevés est encore un eufé· misme, et puisque nous voilà en veine de franchize, puisque nous somes entre nous, autant vaut il dire que nous ne somes pas élevés du tout et que, en ce qui concerne l'éducacion pacifique, nous ne valons guère mieus que des sauvajes. — Que cette comparaizon ne vous choque pas, car si èle venait à vous ofus· quer, je ne pourrais la corrijer qu'en avouant qu'èle n'est guère flateuze, en éfet... pour les sauvajes.

Et vraiment nous aurions mauvaize grâce à nous rebifer après les hauts faits de notre civilizacion en *Mandchourie*, en Chine et au Transvaal, sans parler de mainte expédicion coloniale.

A ne considérer le civilizé que pendant la guerre, qui dirait que des siècles de culture, des siècles de civilizacion le séparent de l'état sauvaje ?

N'est-ce pas parce qu'il y a des trous, come on dit, des lacunes dans son éducacion, qu'il en est arrivé à avoir, pour ainsi dire, deus morales, l'une pour l'état de paix, l'autre pour l'état de guerre, et deus mentalités, cèle du civilizé, qui s'est élevé jus· qu'aus plus hautes concepcions de l'altruisme, et cèle du sauvaje qui ne conaît d'autre morale que cèle de l'intérêt et d'autre guide de ses acsions que l'instinct brutal de sa propre conservacion ?

Ces lacunes, c'est l'éducacion pacifique seule qui pourra les combler ; c'est à èle qu'il faut nous adresser pour faire disparaître l'opozicion que nous venons de constater entre les deus mentalités de notre Civilizacion actuèle. Car, de ces deus anta·· gonismes l'un ou l'autre doit trionfer : ou bien nous nous orienterons définitivement vers la fraternité universèle, vers la justice et la paix, et nous ferons un pas de plus vers l'idéal entrevu ; ou bien nous laisserons libre carrière aus pires instincts de notre nature, nous continuerons à être à l'égard les uns des autres les animaus de proie que furent nos obscurs ancêtres, et alors c'en sera fait de notre civilizacion et nous disparaîtrons pour faire place à d'autres peuples plus dignes de continuer la série des évolucions nécessaires.

Entre ces deus alternatives il nous faut choisir. Nous le pouvons et nous le devons. C'est simplement une question d'éducacion.

Je consacrerai donc ma cauzerie à cète branche de l'éducacion si néglijée jusqu'ici, avec quels résultats vous le savez, l'*Educacion pacifique*, et après vous en avoir démontré la nécessité, j'essaierai de vous dire coment je la comprends et coment je m'imajine qu'il conviendrait de la pratiquer.

II

Je ne sais si l'on vous a déjà dit, Mesdames et chers Camarades, et sinon, il est bon et nécessaire de vous le dire, que vous êtes à la fois la cauze et l'instrument de cette barbarie militariste dont vous aimez trop à vous croire tout simplement les victimes.

C'est vous, en éfet, Mesdames et chers Camarades, qui êtes directement responsables des mizères, des ruines matérièles et morales qui sont la conséquence du réjime d'injustice et de violence sous lequel jémit la moitié du monde civilizé.

C'est à vos préjujés, à votre ignorance, à votre éducacion faussée et incomplète qu'est due la persistance — si illojique qu'èle en est presque incompréhensible — de la Guerre.

Ne vous récriez pas, réfléchissez.

Les peuples sont-ils encore les troupeaus de vils esclaves que le Maître, à sa fantaizie, fouètait au combat, come on aiguillone vers l'arène le taureau espagnol ?

Quel Maître, autre que lui-même, a poussé le peuple anglais — le plus libre des peuples modernes — vers les charniers du Transvaal ?

Ayons donc le couraje de le reconaitre. Les peuples ne font plus la guerre par force. Ils sont tout au moins les complices de leurs gouvernants et leurs soufrances ne sont que la juste rétribucion de cète justice imanente qu'invoquait Gambetta.

. . . .

Qui élève les enfants dans l'idée que la guerre est léjitime, qu'èle est, tout au moins, inévitable ; qui leur inspire ce respect pour la force brutale, cet amour du clinquant et du galon, qui sont le fondement du militarisme ?... Vous, Mesdames.

Hélas ! quand nous voyons de braves mères de famille se pâmer de fierté à la vue de leurs mioches déguizés en soldats, minuscule képi en tête et sabre de fer blanc au côté, n'avons-nous pas le droit de les rendre responsables des ravajes que causent fatalement dans ces jeunes esprits ces vaines glorioles et ces funestes aprobacions ?

?

Qui célèbre come une fète, avec accompagnement de chants et de beuveries, le début de l'aprentissaje du métier de soldat, l'entrée à la cazerne, antichambre de la guerre? Vous, chers camarades.

Certes, défendre son pays est un devoir sacré, et je serais le dernier à vous en détourner ; mourir pour la Patrie est beau ;

mais s'il est louable et bien Français de parer de la grâce du sourire la jénérozité du sacrifice, il n'en convient que mieus d'envizajer sérieuzement le devoir sévère qui nous peut-être impozé et de ne pas emprunter le masque de la folie pour en déshonorer le noble front du patriotisme,

Ah ! mes camarades, ce n'est pas avec de l'alcool, des rires et des chansons qu'il faudrait revêtir l'uniforme. La virile rézolucion de prézerver inviolé le sol sacré de la Patrie s'accomode mal de ces ivresses ; tout au plus conviènent-èles à des prétoriens qui y puizent la raje du meurtre et l'audace du pillaje. Défenseurs de la Patrie, vous devez être des sacrificateurs et non pas des bourreaux.

?

Qui considère le meurtre à la guerre comme un exploit glorieus !

Vous, chers camarades.

Qui fabrique fuzils et canons, bombes et explozibles ?

Vous, camarades.

Qui s'exalte au récit des exploits des conquérants ?

Vous, camarades.

Qui, en un mot, rend la guerre possible et en la rendant possible la rend finalement inévitable ?

C'est bien vous toujours, Mesdames et chers Camarades, c'est nous tous.

*
* *

N'avais-je pas raizon de dire que nous ne possédons pas même les premiers rudiments de l'Educacion pacifique, et que, au contraire, nous semblons élever nos enfants comme si nous avions dessein de perpétuer la guerre ?

Et cependant, qui plus que vous, Mesdames et chers Camarades, qui plus que vous, laborieus ouvriers de l'atelier et de l'usine, soufre de la guerre ? N'en portez-vous pas tout le poids sans aucune des compensacions d'honeurs ou de richesses qu'y trouvent et qu'y recherchent les classes dirijeantes ?

Et n'est-il pas d'une troublante ironie ce fait paradoxal que la guerre où vous avez tant à perdre et rien à gagner, ne puisse être faite et ne soit faite en réalité que parce que vous le voulez bien, parce que l'on arrive à vous persuader que vous avez intérêt à la faire ?

III

Il n'entre pas pour aujourd'hui dans mon cadre de vous parler longuement de la guerre. Mais come je dois vous démontrer la nécessité de l'Educacion pacifique, il faut bien que je vous dize en quelques mots ce que signifie la guerre, ce que signifie la paix armée, qui n'est et ne peut être autre choze, quoi qu'on en dize, que la préparacion, la préface de la guerre.

Voici des chifres au lieu de frazes :

Les crédits budjétaires pour 1902 (1) s'élèvent à la šome totale de 3 miliards 597 milions.

Or, les dépenses de guerre absorbent 60 pour cent de ce budjet énorme, soit 1 miliard 973 milions 630 mile froncs.

Le décompte est intéressant :

Budjet du ministère de la guerre........	716 milions.
Budjet du ministère de la marine........	312 milions.
Budjet du ministère des colonies.........	100 milions.
Part de la dète publique, c'est-à-dire pensions militaires et service de l'intérêt des emprunts de guerre.............	656 milions.

Ce dernier article vaut qu'on s'y arrête. Vous savez que la dète consolidée de la France est d'environ 30 miliards. Eh bien ! sur ces 30 miliards, 18 miliards ont été empruntés pour faire face, directement et immédiatement, à des dépenses de guerre.

Nous avons aujourd'hui à en servir les intérêts aus prêteurs, et ces intérêts des emprunts de guerre absorbent 60 pour cent du miliard anuel que la France paie à ses créanciers.

Ainsi, sur un budjet de 3 miliards et demi, près de 2 miliards sont consacrés à des dépenses de guerre !

Que penseriez-vous de l'home qui consacrerait les deus tiers de ses revenus à acheter des revolvers, des carabines et des poignards ; qui ruinerait sa famille, la condanerait à vivre de privacions, sous prétexte de pourvoir à sa sûreté et de mètre sa maizon à l'abri des voleurs ? Assurément, vous vous hâteriez de lui faire doner un conseil judiciaire ou même de l'enfermer à Charenton. Que n'est-il possible de doner un conseil judiciaire aux nacions assez foles pour gaspiller 2 miliards en dépenses de guerre !

Nous somes tous ici des travailleurs, des prolétaires, si vous préférez, et nous avons tous le droit de dire en nous solidarizant

---

(1) N.-B. — J'ai pris 1902 come type d'une anée normale. Depuis, les budjets militaires se sont accrus dans de notables proporcions.

avec tous les travailleurs, tous les prolétaires de France, que c'est notre travail, ce sont nos sueurs, c'est notre mizère, qui alimentent ce budjet de guerre — budjet de destrucsion — de près de deus miliards.

Alors quoi! Mesdames et chers Camarades, que faut-il plus admirer, de notre ignorance ou de notre sotize dans cète façon de dispozer de la merveilleuze fortune de notre beau pays ?

Nous employons deus miliards à brûler de la poudre aus moineaus et nous ne trouvons pas cent milions pour assurer un morceau de pain aus invalides de l'industrie, pour empêcher les vieus travailleurs de mourir à l'hôpital ou de crever au coin d'une borne? Deux miliards pour nous faire tuer et rien pour améliorer notre sort, pour donner un peu de bien-être à nos femmes et à nos enfants !

Savez-vous pour quèle part chacun de vous contribue aux dépenses militaires, abstracsion faite du service de la dète et des pensions militaires ?

Eh bien ! le budjet de 1902 met cète part à 30 fr. par tête. Cela fait 150 fr. pour une famille de 5 persones ....

Et voici quelques chifres comparatifs pris dans les budjets de 1902 :

Les dépenses militaires prènent aus Anglais, 26 fr. par tête ; aus Allemands, 16 fr. par tête ; aus Italiens, 12 fr. par tête ; aus Russes, 9 fr. ; aus Américains du Nord, 6 francs.

Comparons maintenant les revenus (1895) :

France, 30 miliards ;
Angleterre, 35 miliards ;
Allemagne, 32 miliards ;
Italie, 10 miliards ;
Russie, 25 miliards ;
Etats-Unis, 80 miliards.

Vous voyez que nous ne somes qu'au quatrième rang pour les revenus et que nous passons au premier pour les dépenses.

Etonez-vous encore après cela du malaize que l'on constate partout dans notre industrie, notre comerce et notre agriculture ; étonez-vous d'aprendre que notre bèle France qui était autrefois, selon la chanson,

> Le séjour
> De l'abondance et de l'amour,

soit aujourd'hui le pays — j'entends toujours parler des puissances de premier rang — où la vie est la plus chère et la moins confortable.

(Je pourrais là-dessus, si j'en avais le temps, doner des chifres édifiants. Ainsi, pour prendre un exemple, le pain, la viande,

le sucre sont meilleur marché en Angleterre qu'en France. Mais
l'ouvrier anglais a un salaire moyen plus élevé d'un bon tiers
que l'ouvrier français. Ces aliments de première nécessité ne
coûtent pas plus cher aux Etats-Unis qu'en France. Mais le
salaire moyen de l'ouvrier aux Etats-Unis est double ou même
triple du salaire moyen de l'ouvrier français.)

Je devrais peut-être m'excuzer de vous fatiguer de ces détails
arides, mais je ne le ferai pas pour la bone raison que ces statis-
tiques et ces chifres sont le complément indispensable d'une
bone éducacion pacifique. Et il me paraît qu'avant de vous
convier à faire l'éducacion pacifique de vos enfants, il n'est pas
inutile de nous occuper un peu de la vôtre.

IV

Comencez-vous, Mesdames, — car c'est surtout à vous que je
m'adresse come plus directement charjées de l'éducacion de vos
enfants, — à entrevoir la nécessité de faire aimer la paix à vos
enfants, de leur faire haïr la violence et la guerre, de les vacsiner
de bone heure contre le virus militariste, de leur doner, en un
mot, une bone éducacion pacifique ?

Comencez-vous à comprendre quèle part de vos durs labeurs
de ménajères, quèle part de vos larmes et de vos mizères, il
entre dans ce budjet de guerre de deus miliards ?

Comencez-vous à comprendre que l'aizance de votre ménaje,
la douceur de la vie laborieuze, l'avenir de vos chers petits, le
repos de votre vieillesse, sont impitoyablement sacrifiés... à
quoi ? Pas à notre sécurité puisque, plus on arme, plus on
redoute la guerre ; pas à la gloire, puisqu'on ne se bat pas...

Je suis sûr que vous vous êtes souvent fait cète réflexion, ou
sinon je vous invite à la faire :

« Coment se fait-il qu'en travaillant come nous le faizons, en
réalizant des prodijes d'économie, en vivant de la vie la plus
sobre et la plus frugale, en nous sevrant des plaizirs les plus
inocents, nous arrivions tout juste à joindre les deus bouts, et
restions toute notre vie à la merci d'un chômaje, d'un acsident
ou d'une maladie ? »

Pourquoi ? C'est facile à dire, pourquoi ! Du moment que nous
employons deus sous sur trois à acheter de la ferraille, de la
poudre et du galon, toutes choses parfaitement inutiles, il est
inévitable que l'armoire et le garde-manjer en soient dégarnis
d'autant. Une bone partie de ces milions sont rognés sur vos
salaires, et l'autre partie, prélevée sur le comèrce et l'agriculture,
double et triple le prix raisonable de la vie, vous laissant
juste de quoi ne pas mourir de faim.

Mais, Mesdames, vous êtes les sœurs de Jenny l'Ouvrière, et vous trempez votre pain sec dans le vin délicieux de votre gaîté et de vos chansons. Avec une insouciance aimable, que j'admirerais davantaje si elle avait des conséquences moins graves, vous caressez la main qui vous fait pâtir et vous vous consolez des privacions qui paient la muzique en dansant de tout votre cœur à ses flons-flons.

Aussi je n'ai pas une confiance absolue en l'influence que peuvent avoir sur vous les arguments pratiques que je viens d'expozer. J'ai gardé en rézerve les plus puissants et je vous défie bien de leur rézister.

* *
*

Il est donc convenu, Mesdames, que vous suportez avec rézignacion, que dis-je? avec gaieté les privacions que vous impoze le militarisme. Vous êtes de courajeuses et habiles ménajères. Vous excèlez dans l'art dificile de couper un sou en quatre et de faire bone chère avec peu d'arjent. Vous comptez pour rien vos peines, vos soucis, vos chagrins. C'est bien ! et je rends homaje à votre vaillance.

Mais pousserez-vous cète vaillance et cète rézignacion jusqu'au sacrifice conscient et consenti de vos enfants, de ces fils que vous avez élevés dans les larmes et nourris de votre sang autant que de votre lait? Jusqu'ici, vous vous êtes laissé arracher ces fils, persuadées que vous étiez, qu'une force supérieure et implacable les enlevait à vos tendresses ; mais si l'on vous dizait, come je vous le dis, que cète force supérieure n'existe pas, qu'il dépend de vous de les garder, que nule puissance au monde ne peut, sans votre consentement, les envoyer à la mort, vous feriez-vous encore les complices volontaires des pourvoyeurs des champs de bataille ?

Qu'ai-je bezoin de le demander ?

Où est la femme qui, de son plein gré, enverrait son fils à la mutilacion ou à la mort ?

Les femèles des animaus défendent leurs petits : la lione et la tigresse bravent les coups des chasseurs ; la biche, pour sauver son faon, atire sur ses traces la meute féroce ; la poule cache ses poussins sous son aile et s'expoze seule au bec acéré de l'épervier.

La femme serait-èle moins brave et moins mère ?

* *
*

Savez-vous, Mesdames, coment s'apèlent en langaje militariste vos épous et vos fils?... De la chair à canon! Un joli nom, n'est-ce pas?

C'est la gracieuze épitète qu'inflijeaient aus instruments de leur ambicion, Napoléon Ier, qui a fait tuer 700,000 fils du peuple, et Napoléon III, qui en aurait eu 200,000 sur la conscience, s'il avait eu une conscience...

C'est à la vôtre, Mesdames, que je fais apel; et je vous demande si, pour vous aussi, les fruits de vos entrailles ne sont pas autre choze que de la chair à canon. Si oui, continuez dans votre inercie, élevez vos enfants dans le culte de la force, laissez-les grandir, pour les livrer, une fois arrivés à l'àge d'home, au monstre dévorateur, qui, par vous, aura sa pâture assurée. Si, au contraire, vous ne voulez pas voir vos fils moissonés à la fleur de l'àje, si vous ne voulez pas que vos foyers restent dézerts et votre vieillesse sans courone, si vous voulez pouvoir vous apuyer fièrement au bras robuste de ces adolescents dont vous aurez fait des homes, mètez-vous à l'œuvre dès aujourd'hui, et faites éclore en eus l'esprit de justice et de paix, l'esprit de solidarité. Il dépend de vous de détourner leurs jeunes cœurs des solucions de violence, de les tourner vers les solucions de justice. Vous êtes éducatrices, d'institucion naturèle; soyez-le, dorénavant, avec la conscience nouvèle de vos devoirs et de vos droits, soyez-le de propos délibéré, avec le ferme dessein de ne pas laisser dénaturer votre œuvre. Et puisque la Guerre vous fait justement horreur, donez à vos enfants une éducacion franchement antimilitariste, l'éducacion pacifique.

V

En quoi consistera donc l'*Educacion Pacifique* et coment la donerons-nous à nos enfants?

N'alez pas croire, Mesdames et chers Camarades, que l'éducacion pacifique soit quelque choze de compliqué, d'abstrus, à quoi il soit dificile d'ateindre sans des études préliminaires longues et ardues.

Non, l'éducacion pacifique n'est et ne peut être autre choze que l'éducacion en général et ne veut pas être autre choze. La seule diférence est que l'éducacion pacifique, au lieu de vizer la culture jénérale de notre esprit, ou la culture particulière d'une de ses facultés, a plutôt en vue la culture des afecsions et le dévelopement du sens social.

Qui dit éducacion dit civilizacion ; et come la guerre n'est au fond que la négacion de la civilizacion, il semble que le but premier de l'éducacion devrait être de combatre la violence et la guerre.

Prenons un exemple :

Quand vous voyez un petit garçon se montrer brutal envers ses frères et sœurs ou envers ses camarades, vous dites qu'il est mal élevé et méchant ; si des menaces ou des injures, il en vient aus coups, surtout si ses camarades sont plus faibles, vous dites qu'il est très mal élevé.

C'est que vous sentez instinctivement que le vrai but de l'éducacion est de déraciner en nous la brutalité, de faire disparaître la violence et l'abus de la force, et l'enfant sur qui vous portez ce jugement sévère, a beau être élégant, instruit, charmant même à ses heures, vous n'en maintenez pas moins qu'il est fort mal élevé... et vous avez raizon.

Mais je supoze que si ce petit garçon vous apartenait, Mesdames, vous ne vous borneriez pas à le jujer plus ou moins sévèrement. Vous vous éforceriez de le corrijer ; vous lui feriez comprendre combien il est honteus d'abuzer de sa force, combien peu de mérite il y a à trionfer du faible ; et au bezoin, pour le convaincre, vous ne manqueriez pas d'arguments irrésistibles.

Eh bien, Mesdames, vous feriez en ceci de l'éducacion pacifique et de la meilleure, tèle que vous pouvez avoir l'occazion d'en faire tous les jours. Et il ne s'ajit plus que d'aprendre à faire avec métode et précizion ce que vous faiziez sans le savoir.

* * *

Rézumons brièvement les principaux points par où nous avons vu que s'opozent l'esprit militariste et l'esprit pacifique.

Quel est le but de l'éducacion ?

Vaincre ou corrijer les mauvais penchants, déveloper les bons, les susciter, les créer au bezoin.

Quel est le rézultat de la guerre ?

Est-il possible de nier que les plus mauvais penchants, les pires instincts s'y donent libre carrière ? Le meurtre, le vol, la violence sous toutes ses formes les plus odieuzes sont la trame dont sont réèlement tissés tous les tableaus guerriers et que le faus vernis patriotique dont on les a recouverts, parvient à peine à dissimuler.

Que sont toutes les guerres, toutes, jusqu'aus plus récentes, guerre de Chine, guerre du Transvaal, ou guerre russo-japo-

naize, sinon une épouvantable chronique des forfaits les plus
exécrables ; le déchaînement de la brute humaine ; la régression
du civilizé vers l'home des cavernes....

Il faudrait que vous liziez la véritable histoire des guerres du
premier Empire, par exemple, les atrocités sans nom comizes par
nos soldats en Allemagne, en Italie, en Russie, en Espagne, pour
comprendre le sens et la justice de la grande expiacion de 1870 !

Vous croyez conaître vos fils et vos frères, Mesdames ; la seule
idée du meurtre ou du vol les remplit d'horreur.... vous-mêmes,
vous frémissez à la seule idée du crime possible....

Eh bien ! voilà vos fils transformés en soldats et les voilà,
aussitôt la guerre déclarée, transformés en quoi ?.... en meur-
triers, en pillards....

Vous trouvez peut-être que je suis trop dur, Mesdames et
chers Camarades ; mais à quoi bon dissimuler la vérité quand
les faits parlent d'eus-mêmes ! Les peuples d'ailleurs se servent
mutuèlement de témoins et le tribunal de l'histoire enrejistre
imparcialement toutes les dépozicions. Ignorer la vérité n'est que
ridicule, mais prétendre l'anéantir en la dissimulant est odieux
et bête.

* *
*

Avons-nous bien le droit, Mesdames et chers Camarades, de
nous écrier à propos de cette transformacion :

> Coment en un plomb vil l'or pur s'est-il chanjé ?

Avons-nous jamais rien fait pour la prévenir ?

N'avons-nous pas tout fait, au contraire, pour la favorizer,
pour qu'èle se fasse inéluctablement come la conséquence natu-
rêle de nos enseignements avoués ou tacites ?

Vous déplorez avec moi, n'est-ce pas ? que le brave ouvrier ou
le brave payzan qui, la veille, n'aurait pas fait de mal à une
mouche, que la seule pensée du vol eût fait bondir, deviène, du
jour au lendemain indiférent aus soufrances qu'il inflije, perde,
pour ainsi dire, la nocion du bien et du mal, et comète, sans
scrupules ni remords, des acsions qui, la veille encore, lui
eussent paru monstrueuzes ?

Pensez-y sérieuzement. Qu'a-t-on dit à ce jeune home ? Que
dit-on encore au futur soldat ?

... Que la guerre est la forme la plus glorieuze de l'activité
humaine ! Que le meurtre d'un ènemi est juste et saint ! Que le
vol, qui est un crime au-deçà de la frontière, devient, au-delà,
un profit léjitime.

Enfant, on lui farcit la tête de récits de bataille, on le mascarade en soldat, on lui fait épeler la haine.

Jeune home, on lui met un fuzil en main et on lui dit : tue... pille...

Où est le chanjement, où est la transformacion ? Le jeune home d'aujourd'hui ne met-il pas fidèlement en pratique les leçons qu'a reçues l'écolier d'hier ?

Quèle iuconséquence de venir, après coup, nous lamenter d'un état de chozes dont nous somes, sinon les premiers auteurs, tout au moins les complices !

VI

Je suis de ceux qui pensent, Mesdames, que la famille est la meilleure des écoles et la mère la meilleure des institutrices. La femme naît éducatrice, et le jour n'est certainement pas loin où cette vérité, enfin reconue, révolucionera la pédagojie... et la société... Quoi qu'il en soit, les meilleurs esprits s'accordent aujourd'hui à espérer le trionfe des idées pacifiques par la coopéracion de la femme et de la mère.

Fiziolojiquement et psicolojiquement, si vous voulez bien me pardoner ces longs adverbes, vous êtes les vraies créatrices de vos enfants. Votre influence est longtemps prépondérante, et il dépend de vous de graver dans ces jeunes âmes des empreintes qui ne s'èfaceront jamais.

Mais encore faut-il que vous sachiez dans quel sens devra s'exercer cète influence, quels moyens il vous faudra mètre en œuvre pour lui faire produire les fruits que nous en atendons.

Voulez-vous que je vous trace un programe d'enseignement pacifique ?

Je sais bien qu'en fait d'éducacion, la plus ignorante d'entre vous en sait beaucoup plus long que le plus savant d'entre nous. Aussi, n'ai-je pas la prétencion de vous aprendre rien de nouveau et je me défends énerjiquement de vouloir vous faire la leçon. Je me propoze seulement de vous soumètre, non pas même un programe, mais un plan d'éducacion pacifique. Je vous livre le canevas, les broderies sont votre afaire.

Quel est le but que nous poursuivons ?

C'est la fin des guerres de conquête, la substitucion de l'arbitraje à la violence ; la lute sans issue des champs de bataille transportée sur le terrain économique et devenue, au lieu d'une cauze de ruine et de mizère, une source de richesse et de bien-être.

Que combatons-nous ?

L'égoïsme, la brutalité, la défiance, le préjujé militariste, l'ignorance des véritables intérêts des sociétés et des individus.

Le voilà tout entier notre programe, et nous n'avons plus qu'à déveloper les points que je viens d'énumérer, pour avoir tout un plan d'éducacion pacifique.

Ce dévelopement, Mesdames, je n'aurais pas la cruauté de vous l'inflijer, même si je ne vous avais pas averties que je vous en laissais le soin, car je ne voudrais pas abuzer de votre pacience.

Je me borne donc à vous doner les tètes de chapitre.

L'égoïsme, d'abord. Ah ! Mesdames, c'est l'ènemi le plus redoutable de nos idées pacifiques, et c'est lui que vous aurez à combatre dès le berceau. Ils sont terriblement égoïstes nos chérubins, blonds ou bruns, ces inventeurs de la plus égoïste des institucions humaines, — la propriété — si nous en croyons Pascal. Vous ne sauriez leur aprendre, de trop bone heure, les douceurs de la charité, les beautés du sacrifice. Votre exemple sera la meilleure des leçons : un mot de vous, dit à propos, les mètra sur la voie ; un de vos regards de douce compassion pour le pauvre, l'infirme ou le malade; un de ces actes journaliers, par où s'épanche votre joie à vous sacrifier pour ceus que vous aimez, jèteront dans leurs jeunes cœurs les jermes des vigoureus sentiments altruistes.

Sonjez-y ! Vous pouvez tout sur ces jeunes âmes, cire vierje où vous êtes les premières à écrire. L'amour, dit-on, apèle l'amour ; le sublime amour maternel doit avoir raizon de l'égoïsme.

Vous ne sauriez être trop vijilantes pour couper à sa racine le penchant à la brutalité qui, non réprimé, a des conséquences si dézastreuzes. On a coutume de déguizer sous une foule de jolis petits noms ce penchant à la cruauté qui faizait dire au fabuliste : « Cet âje est sans pitié. » Que de mamans ! de bones mères pourtant, à leur façon, encourajent ces premières manifestacions d'une brutalité qui leur coûtera peut-être un jour bien des larmes ! L'une, donera à son enfant des animaus à tourmenter, chien, chat ou oizeau ; l'autre, s'èsclafera à le voir grifer ses frères et sœurs ; beaucoup se laissent tyraniser et ne cessent d'être victimes que pour devenir bourreaus à leur tour : la brutalité en leçons de chozes !

La famille est pour l'enfant tout un monde, un microcosme ; il s'y montre en petit ce qu'il sera plus tard sur un téâtre plus vaste. Pensez souvent, je vous prie, Mesdames, à ce mot si profond d'un grand poète : « L'enfant est le père de l'home. » Je ne voudrais pas vous èfrayer, en vous montrant toute l'étendue de vos responsabilités, mais j'aimerais bien vous laisser convaincues de la grandeur de votre tàche et de la puissance de vos moyens. Je vous le dis en toute sincérité, je suis persuadé que la plupart d'entre vous ne faites pas la moitié du bien que vous pourriez faire, précizément parce que vous ne vous doutez pas de l'importance de cette première éducacion de l'enfance sur les destinées de l'home et cèles de l'humanité.

Si vous vous en doutiez, laisseriez-vous vos enfants se livrer à ces jeus cruels qui endurcissent leurs cœurs, et les préparent à ces autres jeus barbares, dont la guerre est le prétexte ? Il n'est guère de jour où nos rues ne nous ofrent le triste spectacle de cette cruauté de l'enfance : vieillards ou infirmes d'esprit, moqués et tourmentés, animaus martyrizés. Ne voyez-vous pas que l'enfant qui s'habitue à voir soufrir et à faire soufrir, à voir couler le sang, fait déjà l'aprentissaje des pires chozes ?

Evidament, je suis loin de dire que vous aprouvez. Mais n'est-ce pas déjà trop de laisser faire ?

Le préjujé militariste ! Ah ! Mesdames, Dieu me gaide d'ofenser vos suceptibilités ; mais laissez-moi vous le dire tout de même : vous avez un faible pour le clinquant et la ferblanterie. Je ne sonjerais point à vous reprocher cette faiblesse, aimable, après tout, et qui part d'un bon naturel, si èle n'avait, au point de vue de l'éducacion de vos enfants, des conséquences plutôt regrètables. Je vous ai dit déjà qu'une des principales cauzes de la persistance de la guerre était le préjujé d'un autre âje qui estime le métier militaire come le plus noble de tous et le plus digne de notre respect. Je ne pourrais, sans alonjer trop cète cauzerie, vous doner toutes les raizons qu'il est possible d'opozer à ce préjujé ; je vous soumètrai seulement cète réflexion : « Coment le métier militaire pourrait-il être le plus noble et le plus digne de respect, quand nous somes tous d'accord pour déclarer que la guerre est la plus sote et la plus barbare des acsions humaines ? »

La lute contre ce préjujé est un des points les plus importants du programe de l'éducacion pacifique. Il faut le vaincre en vous-mêmes, Mesdames, afin de pouvoir le combatre et le vaincre chez vos fils.

VII

L'heure me presse, Mesdames, et j'abrèje. J'aurais eu peut-être bien des chozes à vous dire encore sur vos foncsions d'éducatrices pacifiques, que je remets à une autre fois. L'éducacion de vos filles, par exemple, qui pourraient, si utilement, s'associer à votre œuvre. Votre influence sur vos garçons que vous abdiquez en jénéral trop tôt, et justement à l'âje où son contrepoids serait le plus nécessaire. Votre propre éducacion pacifique, qui ne sera pas un des moindres bienfaits de notre chère Université populaire.

Mais ne pas savoir me borner, serait me rendre indigne de votre bienveillante attencion. Veuillez me permètre de vous en remercier, Mesdames, et vous aussi, chers Camarades, et laissez-moi y voir la preuve que les idées pacifiques ou plutôt la cauze de l'éducacion pacifique ont rencontré à l'U. P. de Tarbes la bone terre où elles fructifieront au centuple. Nous ne verrons peut-être pas la moisson, mais nos fils, qui récolteront après nous, recueilleront les fruits de l'éducacion pacifique. Et soyez sûrs que deus fois bénies seront les mères par qui la guerre fut vaincue.

FIN

TARBES. — IMPRIMERIE J.-A. LESCAMELA

www.ingramcontent.com/pod-product-compliance
Lightning Source LLC
Chambersburg PA
CBHW070118300326
41934CB00035B/2901